AF449895

El matrimonio como amistad

Editorial NUN

Ficha bibliográfica

Adame Goddard, Jorge

El matrimonio como amistad
1a. edición, 2022

ISBN: 978-607-99600-8-7

Editorial Notas Universitarias, S. A. de C. V.
Colección Scholia

Impreso en la Ciudad de México, 2 de agosto de 2022
Formato: 15 × 21 cm

58 pp.

Editorial NUN
Es una marca de Editorial Notas Universitarias, S. A. de C. V.

Xocotla 17, Tlalpan Centro II, alcaldía Tlalpan,
C. P. 14000, Ciudad de México

www.editorialnun.com.mx

Comentarios sobre la edición a contacto@editorialnotasuniversitarias.com.mx

Versión impresa, ISBN: 978-607-99600-8-7
Versión digital, ISBN: 978-607-99398-0-9

Los textos aquí presentados fueron arbitrados (doble-ciego) y dictaminados por especialistas nacionales. Posteriormente, fueron revisados, corregidos y modificados por los autores antes de llegar a su versión final.

Dirección editorial y diseño de portada: Miryam D. Meza Robles
Cuidado de la edición: Felipe G. Sierra Beamonte
Corrección de estilo: Óscar Díaz Chávez
Diagramación: Carlos A. Vela Turcott

Impreso en México

El matrimonio como amistad

Jorge Adame Goddard

Índice

Introducción

Actualmente el matrimonio ya no es un tema pacífico. Se habla de matrimonio temporal, matrimonio entre personas del mismo sexo, matrimonio con varias mujeres o varios hombres, matrimonio sin procreación y sin compromiso, y a cualquier tipo de unión afectiva entre dos personas se le da el nombre de matrimonio. A pesar de esta confusión acerca de lo que es el matrimonio, se sigue manteniendo que es una institución importante para la vida social y que debe ser reglamentada por las leyes del Estado. Se puede describir el estado que guarda esta cuestión diciendo que sabemos que el matrimonio es algo importante, pero no sabemos qué es. Y si no se recupera la noción de lo que es verdaderamente el matrimonio, tendremos que llegar a la conclusión de que no es algo importante.

En este trabajo pretendo contribuir a recuperar la noción de lo que es el matrimonio, considerándolo como una forma de amistad, la forma más perfecta de amistad humana.

I. El matrimonio como relación personal

Dada la crisis que existe actualmente acerca de la naturaleza del matrimonio, debo empezar desde lo más elemental: el matrimonio es una relación humana. El punto de partida es la realidad misma y no una doctrina predeterminada. Por eso, se trata de ver qué es la relación humana que llamamos matrimonio y, a partir de la observación de la realidad, llegar a comprender que el matrimonio es la forma más perfecta de la amistad humana.

A. Las relaciones humanas

Las relaciones que establecen los seres humanos entre sí son algo real, no una mera abstracción lógica. Las relaciones consisten en los actos (o conductas, si se piensa en una serie de actos) que hace una persona en referencia a otra, como en la compra-venta, la relación consiste en los actos de pagar el precio y de entregar las mercancías o en la relación paterno filial, que consiste en el acto de cuidar y educar al hijo, o en la relación de amistad, en la ayuda que se proporcionan los amigos.

En todas estas relaciones hay tres elementos: uno son los sujetos de la relación, las personas, que son realidades que existen por sí mismas; otro es la causa o razón de ser de la relación, que puede ser una cosa, como en el caso de una compra-venta en que el comprador se relaciona con el vendedor para adquirir la mercancía y el vendedor para cobrar el precio; o la causa puede ser la persona misma con la cual uno se relaciona, como es el caso de la amistad. El tercer elemento es la relación misma o vínculo que consiste en los actos concretos que ejecutan las personas relacionadas.[1]

La relación es algo real, aunque no tenga una entidad propia; no es algo que subsista por sí mismo, sino que existe en las personas relacionadas, como puede existir en ellas el pensamiento; por eso se afirma que la relación existe como un accidente, como algo cuyo ser depende de la subsistencia de los sujetos.

Por razón de su fundamento, las relaciones pueden ser patrimoniales, cuando la razón de ser de la relación es una cosa (bien o servicio) que proporciona utilidad o placer; o personales, cuando la razón de ser de la relación es la persona misma de los sujetos relacionados.

1. Las relaciones patrimoniales

Las relaciones patrimoniales son la materia propia del derecho privado, que tiene que ver con la propiedad, posesión, contratos, promesas, etcétera, es decir, con relaciones que las personas establecen voluntariamente por razón de las cosas.

2. Las relaciones personales o de amistad

Si las personas se relacionan por razón de las personas mismas, por ejemplo, porque se agradan, como los amigos o porque una ha asumido la responsabilidad de cuidar a la otra, como un padre a su hijo, esas relaciones pueden llamarse interpersonales o, como me parece mejor, relaciones de amistad.

Es verdad que entre los amigos puede haber también relaciones patrimoniales, por ejemplo, dos amigos que son también socios de una empresa, o que son compradores y vendedores habituales entre sí, como un proveedor y su cliente. O bien, puede suceder que una relación que empieza por ser solamente patrimonial, con el paso del tiempo, y la frecuencia del trato, se convierta en relación de amistad. En todo caso, es clara la diferencia entre unas relaciones y otras por razón de su fundamento.

---

[1] Sobre el concepto de relación y sus elementos puede verse T. Alvira, L. Clavel y T. Melendo, *Metafísica*, Pamplona, Ediciones Universidad de Navarra, 1993, pp. 72-74.

Las relaciones de amistad están reguladas parcialmente por el derecho. La relación entre dos amigos de la misma edad, que supone el deber de ayuda mutua, no está regulada jurídicamente, y si uno de los amigos no ayuda al que está necesitado, no tiene el ofendido un recurso jurídico para exigirle una reparación por incumplimiento del deber de amistad. En cambio, la relación de un padre con su hijo, que implica el deber del padre de cuidar, alimentar y educar al hijo, sí está regulada jurídicamente, en el sentido de que el hijo podrá exigir judicialmente al padre que cumpla su deber de proporcionarle "alimentos", pero sólo en cierta medida, o el padre anciano podrá exigir judicialmente que su hijo le proporcione ayuda económica, pero no todos los deberes de la paternidad o de la filiación son judicialmente exigibles. Por eso, en todas las relaciones interpersonales o de amistad deben considerarse los deberes que la relación genera, es decir, los actos que cada persona debe ejecutar en referencia a la otra, y distinguirse si son deberes jurídicamente sancionados o son deberes éticos.[2]

B. El matrimonio es una relación de amistad

Teniendo en mente la diferencia entre relaciones patrimoniales y relaciones personales o de amistad, se puede concluir sin dificultad que el matrimonio es una relación interpersonal o de amistad, porque las personas se relacionan entre sí por razón de la persona misma del otro.

Es cierto que la relación matrimonial puede incluir relaciones patrimoniales, pero la razón de ser del matrimonio es la persona del otro, no sus cosas. Puede ser, y es lo ordinario, que los contrayentes del matrimonio convengan además acerca de las cosas que ya tienen o que podrán adquirir durante el matrimonio; pero éste es un acuerdo secundario, no el matrimonio. Incluso pueden dos personas, sin estar casadas entre sí, hacer un contrato para poner en común sus bienes, o parte de ellos, y administrarlos y disfrutarlos conjuntamente, y no tienen que estar unidas en matrimonio.

---

[2] En lo sucesivo me referiré siempre a "deberes éticos", que me parece una expresión mejor que "deberes morales", aunque son sinónimas.

Si dos personas deciden convivir en un mismo domicilio, como si estuvieran unidas en matrimonio, pero lo que ambas quieren, principalmente, son las cosas que van a adquirir del otro, por ejemplo, un extranjero que se casa para adquirir la nacionalidad de su contrayente, y éste se casa por razón del dinero que le van a dar, la relación que hay entre ellos no es de amistad, sino una relación patrimonial, aunque tenga la apariencia de ser un matrimonio e incluso exista un acta de matrimonio.

Si una persona se casa por la persona misma del contrayente, pero la otra se casa, no por razón de la persona, sino de las cosas que espera adquirir gracias a ella, tampoco han contraído una verdadera relación de amistad, pues ésta exige reciprocidad, es decir, que ambas partes quieran principalmente la persona del amigo. Existe, también aquí, una apariencia de matrimonio, pero no hay verdadero matrimonio, pues no hay relación de amistad.

En la experiencia de las relaciones humanas no son infrecuentes los casos de relaciones aparentes, pero no reales, en el ámbito patrimonial y en el personal. Sucede que alguien dice que quiere comprar, y hace negociaciones con el vendedor para, aparentemente, convenir un contrato de compra-venta, cuando en realidad no quiere comprar, sino evitar que el vendedor venda la mercancía a otro, y por eso, pasado un tiempo pone dificultades en las negociaciones y termina por no aceptar un contrato; o uno que afirma ser propietario de una cosa, cuando sabe que no lo es, pero actúa como si lo fuera. Otro tanto sucede en el ámbito de las relaciones personales, donde ocurre que uno afirma ser amigo, cuando en realidad es espía de otro, o sólo pretende obtener información o algún beneficio económico o político. En todos estos casos de relaciones aparentes, se puede afirmar que no son lo que parecen; no es comprador quien negocia de mala fe ni propietario el que lo afirma sabiendo que no lo es, ni es amigo el espía ni esposo o esposa quien nunca tuvo voluntad matrimonial, aun cuando tenga acta de matrimonio.

En tanto que el matrimonio es una relación de amistad, conviene ahora tratar al respecto y, en primer lugar, distinguir entre "amor" y "amistad". La palabra "amistad" suele hoy emplearse en un sentido restringido, que se refiere a la relación personal con personas extrañas a la familia, con las que se tiene una relación de mutua complacencia y ayuda. Pero no se habla de la amistad conyugal ni de la amistad paterna o filial. En cambio, sí se habla del amor conyugal o el amor paterno o filial. Da la impresión de que se habla de la amistad para referirse a las relaciones interpersonales ajenas a la familia, y que el término "amor" se reserva a las relaciones familiares, especialmente a la relación matrimonial y algunas otras semejantes. Es necesario aclarar el sentido de esos dos términos.

II. Amor y amistad

De acuerdo con la visión realista del ser humano, que lo conceptúa como animal racional o espíritu encarnado,[1] el "amor", en su sentido más elemental, es el apetito o tendencia al bien conocido.[2] Puede darse en dos niveles, sensible y racional.

A. Amor sensible y amor racional

El amor sensible es el apetito por algo que los sentidos estiman como bueno. Es una pasión, algo que se experimenta en el ámbito sensible, que propicia el deseo de poseer aquello que se ama y que, cuando se alcanza lo deseado, da lugar al placer o gozo. Este amor o apetito sensible es común a los humanos y a los animales y es el que mueve totalmente la conducta de los animales y buena parte de la conducta de los humanos.

En el ámbito racional, el amor es el apetito o tendencia al bien conocido por la inteligencia, que a su vez genera el impulso para alcanzarlo y, en su caso, la satisfacción de haberlo logrado. Éste, a diferencia del amor sensible

---

[1]	Es decir, la concepción del hombre, comenzada por los filósofos griegos, continuada por los filósofos medievales y sostenida actualmente, incluyendo los aportes de otras ciencias, principalmente de la psicología, por los filósofos neotomistas y personalistas. Pueden verse, por ejemplo, K. Wojtyla, *Persona y acción*, Madrid, Biblioteca de Autores Cristianos, 1982; Vicente Arregui, J. y Choza, J. *Filosofía del hombre*, Madrid, Rialp, 1993; L. Polo, *Quién es el hombre. Un espíritu en el mundo*, Madrid, Rialp, 1993; R. Yepes Stork y J. Aranguren, *Fundamentos de Antropología*, Pamplona, Ediciones Universidad de Navarra, 1998.

[2]	Tomás de Aquino, *Suma de Teología*, Madrid, Biblioteca de Autores Cristianos, 1997, II, I c. 27, arts. 1 y 2.

que se produce espontáneamente, es un amor deliberado, elegido, que puede perdurar en el tiempo, mientras la voluntad persevere[3] en el bien elegido.

Esos dos amores pueden coincidir, que es lo mejor, de modo que se desea sensiblemente el bien elegido por la razón y querido por la voluntad. La coincidencia del amor sensible con el amor racional es la plenitud del amor humano, que entonces desea y quiere el bien, lo cual sucede, por ejemplo, en el matrimonio, cuando los esposos se desean y se quieren.

A menudo, esos dos amores entran en conflicto, cuando se desea lo que no se quiere, o se quiere lo que no se desea. El conflicto se experimenta cotidianamente, porque en la condición humana actual, el deseo por el bien sensible es más intenso que el querer de la voluntad por el bien racional. De ahí que muchas veces la persona actúa más movida por el amor sensible que por el amor racional. Por ejemplo, se prefiere un alimento sabroso a la salud, o el dinero a la justicia, o el placer a la fidelidad conyugal. Todos experimentamos muchas veces al día, todos los días, conflictos semejantes, ¿cuál de esos amores debe prevalecer?

El equilibrio emocional de una persona consiste en superar el conflicto, logrando que el amor racional ordene (no que extinga) el amor sensible, es decir, que la razón dirija las emociones, que lo superior domine lo inferior, o, en otras palabras, que la persona domine sus pasiones y no sea dominada por ellas. Conviene reiterar que la ordenación de las emociones conforme a la razón no consiste en eliminar las emociones, ni en disminuirlas sistemáticamente, o simplemente controlarlas, sino en dirigirlas a los bienes que la razón reconoce como mejores.

Como es un hecho que el amor sensible es más intenso que el amor racional, para que éste prevalezca es necesario que la persona se esfuerce, de modo que su voluntad subordine el amor sensible, esto es, que la persona tenga, como suele decirse, fuerza de voluntad. El predominio del amor racional integra el amor sensible en la consecución del bien racional, de modo

---

[3] Es interesante el significado etimológico del verbo "perseverar", que viene del latín *persevero, as, are*, que significa "muy severo", y *severus*, viene de *se* y *verus*, "ser verdadero" o "ser veraz", de modo que "perseverar" significa *permanecer en la verdad*. Véase R. de Miguel, *Nuevo diccionario latino-español etimológico*, Madrid, 1897 (reimpresión 2003), s. v. *persevero, severus*.

que las emociones o pasiones quedan ordenadas al servicio de los bienes superiores, por ejemplo, la pasión de la ira queda ordenada a la lucha por la justicia, o el apetito sexual al amor conyugal.

El amor sensible y el amor racional se pueden dar respecto de cosas (incluidas las plantas y animales) o respecto de personas. El amor sensible de las cosas suele llamarse gusto, y es un amor que tiende, primero, a la posesión de la cosa amada, y luego a su consumición, como quien tiene hambre y come. El amor racional de las cosas suele llamarse afición o simplemente amor. A diferencia del gusto sensible por las cosas, que es espontáneo y ocasional, el amor racional por ellas es deliberado y tiende a ser continuo o permanente, como la afición por coleccionar obras de arte o el amor por los bosques y la naturaleza o por un deporte. Es un amor que tiende también a la posesión del bien, pero además a su cuidado y conservación, pues implica el juicio de que ese bien merece ser cuidado y conservado por sí mismo. Es, por ejemplo, el amor por la naturaleza que exigen hoy los movimientos ecologistas.

El amor por una persona puede ser también sensible o racional, pero en ambos casos tiene una característica propia, que no tienen los amores por las cosas, y es ésta, que provoca una respuesta voluntaria de la persona amada. Puede ser una respuesta de aceptación, de rechazo, de agradecimiento o de otro signo, pero, en cualquier caso, es una respuesta que genera una relación entre las personas.[4]

B. Los actos u obras del amor

La palabra amor, además de usarse para designar la inclinación al bien, suele emplearse para designar los actos u obras que produce. El amor, como impulso, es causa de los actos que hace la persona en relación con el bien deseado o querido. El amor sensible produce los actos tendientes a la posesión y consumición del bien, es decir, a la satisfacción del apetito sensible.

---

[4] Es distinta la reacción que puede tener un animal, porque no es una acción deliberada, sino regida por el instinto.

El amor racional, los actos tendientes a la posesión del bien y a su cuidado y conservación.

Se consideran propiamente actos de amor, porque son deliberados y no meramente instintivos, los que derivan del amor racional, como los actos de cuidar, reparar, embellecer, ayudar, mejorar, etcétera, es decir, todos los actos que sirven a la conservación y perfeccionamiento del bien amado, y especialmente de las personas amadas. Por eso suele decirse que el amor (o la acción de amar) es compartir, servir, ayudarse, entre otras obras. El mismo sentido tiene la conocida frase "obras son amores".

Los actos que produce el amor racional pueden ser de muy diversos tipos e incluso puede afirmarse que todo acto, de cualquier naturaleza, que beneficie al ser amado es un acto de amor. A fin de comprender más concretamente cuáles son los actos del amor racional, sirve agruparlos en estas clases: *a) los actos de alabanza,* que derivan de la comprensión del otro como un bien en sí mismo, como juzgar y hablar bien del amigo, bendecirlo, felicitarlo, abrazarlo, besarlo y demás gestos y palabras que indican la complacencia en el amigo; *b) los actos de compartir bienes,* que incluyen prestar, usar en común, regalar, poseer en común, etcétera; *c) los actos de servicio al otro,* como ayudar, aconsejar, consolar, impulsar, motivar, limpiar, cuidar, acompañar, explicar, etcétera; *d) los actos de perdón,* como comprender, disculpar, tolerar, recomenzar, justificar y, sobre todo, perdonar efectiva y definitivamente las ofensas recibidas, y *e) los actos de corrección,* como el consejo, el reproche amable o áspero, si es necesario, la exhortación y otros.

C. La unión derivada del amor

El amor racional y los actos u obras que suscita generan una relación de unión entre quien ama y el objeto o persona amada. Quien ama una obra de arte, una pintura, por ejemplo, se siente unido a ella y, en cierto modo, lo está, pues la pintura forma parte de su vida interior, como una invocación, una exhortación o, al menos, un recuerdo.

El amor racional hacia una persona genera otro tipo de unión, porque la persona amada puede libremente aceptar o rechazar el amor que se le brinda. El amor aceptado y correspondido genera la unión de las personas, que consiste en la relación por la que ambas se benefician recíprocamente. Es una relación establecida voluntariamente y no puede establecerse de otra manera. Esa relación es la amistad. O, dicho de otra manera, la amistad es el fruto del amor aceptado y correspondido.

La amistad se distingue claramente de la afición por las cosas, incluidos los animales, porque en esa última no hay reciprocidad voluntaria.

D. La amistad

La filosofía clásica, grecolatina, trató ampliamente el tema de la amistad,[5] en una forma que resulta hoy muy interesante para entender qué es el matrimonio; si bien los autores antiguos presentaban como prototipos de amistad la que se establecía entre varones, independientemente del impulso erótico, sus reflexiones sirven para entender la amistad propiamente matrimonial, como espero podrá constatarse a lo largo de este trabajo. Tendré en cuenta como guía para esta exposición principalmente la *Ética nicomáquea*, de Aristóteles, que trata de la amistad, en los libros VIII y IX.[6]

La primera afirmación que hace el filósofo sobre la amistad es que "es una virtud o va acompañada de virtud", y luego agrega que es "la cosa más necesaria en la vida".[7] La afirmación de que es una virtud implica que es un hábito adquirido, que, como el mismo filósofo afirma, es el hábito de hacer

---

[5] Para una revisión rápida de lo que dijeron acerca de la amistad los filósofos griegos, puede verse la "Introducción", de Julio Pimental Álvarez, a su edición bilingüe del diálogo de Cicerón sobre la amistad, denominado *Lelio: de la amistad*, México, Universidad Nacional Autónoma de México, Bibliotheca scriptorum graecorum et romanorum mexicana, 1997, pp. xliv-lii.

[6] Uso la versión española de Antonio Gómez Robledo: Aristóteles, *Ética nicomáquea*, México, Universidad Nacional Autónoma de México, Bibliotheca scriptorum graecorum et romanorum mexicana, 1983, reimpresa, junto con la *Política*, por Porrúa: *Ética nicomáquea*, México, 2000. En lo sucesivo la citaré simplemente como *Ética*, seguida de los números de párrafo y renglón, conforme a la edición de Bekker.

[7] *Ética*, 1155a, 1-5.

el bien al amigo. Entendida la amistad como hábito o virtud, se distingue del acto de amor aislado, que se puede hacer ocasionalmente, como ayudar a algún desconocido. La amistad exige hábito, permanencia, disposición firme a hacer el bien a la persona elegida.[8] La amistad es el hábito de hacer el bien al amigo.

La amistad comienza por la benevolencia, es decir, por la voluntad de querer el bien del amigo, y de esa voluntad se sigue el hacer efectivamente el bien al amigo, es decir, la beneficencia. Cuando la benevolencia es correspondida, entonces se forma la amistad; la amistad es siempre recíproca, aunque no siempre es equitativa,[9] pues puede ser que uno dé más que el otro, y por eso puede haber amistad entre desiguales, como entre los padres y los hijos, o entre dos esposos cuando uno de ellos ha quedado inválido.

Aristóteles distingue tres tipos de amistad, por razón del género de bienes que se procuran los amigos,[10] que son la amistad por utilidad, la amistad por placer y la amistad perfecta.

La amistad útil es la de aquellos que se aman sólo por la utilidad que recíprocamente obtienen uno del otro. Es una amistad porque se quiere a la persona, pero la razón por la que se le quiere es la utilidad. La amistad por placer es la que se da entre aquellos que se complacen estando juntos, que puede incluir la amistad útil. Estas amistades, dice Aristóteles, que lo son "por accidente, porque no se quiere a la persona amada por lo que ella es, sino en cuanto proporciona beneficio o placer, según sea el caso".[11] Estas amistades terminan cuando los amigos ya no reciben utilidad o placer, pues terminado el fundamento de su relación, ésta se disuelve.

La amistad perfecta es la de quienes aman al otro por sí mismo, porque lo consideran un bien en sí mismo.[12] Se le puede también llamar "amistad honesta" o "amistad verdadera". En opinión de Aristóteles, esta amistad

---

8   Aristóteles afirma que el afecto por las cosas es emoción y la amistad es hábito, porque implica elección, *Ética*, 1157b, 28-30.

9   *Ética*, 1158b, 1-3 y 13-15.

10   *Ética*, 1156a y 1156b.

11   *Ética*, 1156a, 15.

12   *Ética*, 1156b, 6-10.

es propia "de los hombres de bien y semejantes en virtud" porque son ellos quienes reconocen al amigo como un bien en sí mismo, independientemente de la utilidad o placer que pueda proporcionar. Ordinariamente, la amistad perfecta incluye el placer de la compañía y la utilidad que los amigos se obsequian, pero su fundamento no son esos bienes, sino la persona del amigo. Por eso, esta amistad, aunque desaparezcan la utilidad y el placer, permanece mientras viva el amigo.

A la luz de lo anterior se aclaran otros aspectos de la afirmación de que la amistad (se entiende la amistad perfecta) es virtud o implica virtud. Es virtud porque es un hábito que permanece, aunque el amigo no esté presente; e implica virtud porque sólo quienes tienen virtud, es decir, capacidad de querer los bienes que merecen ser amados por sí mismos, pueden ver en el amigo un bien en sí mismo.

La idea de que la amistad perfecta es propia de hombres buenos ya la había dicho Platón, y la repiten diversos autores antiguos, como Cicerón[13] o san Agustín.[14] Aristóteles afirma que los hombres no virtuosos pueden tener amistades útiles o placenteras, pero no la amistad perfecta.[15] La virtud es necesaria para la amistad perfecta, porque ésta exige el reconocimiento del otro como un bien en sí mismo, como un bien honesto, y esto es posible en quienes rigen su conducta, no por la utilidad o el placer exclusivamente, sino por un bien superior, como la justicia, que vale por sí misma. Quien se rige por la justicia puede ver en el amigo un "otro yo", que merece ser amado por sí mismo.

A propósito de los buenos amigos, dice Aristóteles:

Queriendo a un amigo quieren los hombres su propio bien, porque el hombre bueno que ha llegado a ser un amigo se convierte en un bien para aquél de quien es amigo. Cada uno, por ende, ama lo que es un

---

[13]   Cicerón, *op. cit.*, V,18. La amistad sólo puede existir entre los "buenos", como también lo dicen Platón, *Lys*, p. 214.

[14]   Agustín de Hipona, *Epístola* (a Macedonio) 155,1, donde dice que la verdadera amistad es amor gratuito, y que nadie puede amar así, si no es primero amigo de la verdad, y eso es virtud.

[15]   *Ética*, 1157b, 1-5.

bien para él, y devuelve otro tanto deseando el bien del otro y dándole contento, porque de la amistad se dice ser igualdad, y ambas cosas se encuentra señaladamente en la amistad de los buenos.[16]

Los amigos unidos en amistad honesta practican el principio ético fundamental que dice, ama a tu prójimo como a ti mismo o, en forma negativa, no hagas a otro lo que no quieras que te hagan. Este principio ha sido llamado la "regla de oro", y ha sido reconocida en la tradición judeocristiana,[17] en la filosofía grecolatina[18] y en las antiguas culturas y religiones orientales.[19]

E. Amistad honesta y dignidad de la persona

Actualmente, de acuerdo con la doctrina internacional de los derechos humanos, se considera que hay una dignidad que es inherente a toda persona humana.[20] Que sea "inherente" o "intrínseca" a todos los hombres significa que se funda en la naturaleza común a todos los seres humanos, y no en algún atributo especial o particular, que tienen ciertas personas, razas o clases

---

[16] *Ética*, 1157b, 34-40.

[17] En La Biblia, el libro del Levítico 19,18 (cuyo origen posiblemente se remonte a tiempos de Moisés (aprox. 1200 a. C.) la presenta en su formulación positiva: "Ama a tu prójimo como a ti mismo", y menciona expresamente que el precepto se refiere también a los extranjeros (19,34); y el libro de Tobías 4,15 (del año 200 a. C., aproximadamente), en su formulación negativa: "No hagas a nadie lo que no quieras que te hagan". En los evangelios está enunciado en forma positiva en Mateo 19,19 con la indicación de que incluye a los enemigos (5,44).

[18] Entre los filósofos griegos, además de Aristóteles en su *Ética*, puede verse en Platón y en los estoicos. Entre los latinos, aparece en Cicerón en su diálogo *De las leyes* I, 34.

[19] Véase Commissione Teologica Internazionale, *Alla ricerca de un'etica universale: nuevo sguardo sulla legge naturale*, Ciudad del Vaticano, Librería Editora Vaticana, 2009, p. 15 y ss., donde cita textos del hinduismo, budismo y confusionismo.

[20] La Carta de la Organización de las Naciones Unidas habla en su preámbulo de "reafirmar la fe en los derechos fundamentales del hombre, en la dignidad y el valor de la persona humana". La Declaración Universal de Derechos Humanos afirma en su preámbulo "la dignidad intrínseca [...] de todos los miembros de la familia humana". En el Pacto internacional de derechos económicos, sociales y culturales, así como el Pacto internacional de derechos civiles y políticos se afirma: "El reconocimiento de la dignidad inherente a todos los miembros de la familia humana. La Declaración Americana de los Derechos y Deberes del Hombre afirma en su preámbulo: "Todos los hombres nacen libres e iguales en dignidad y derechos" y que todos están dotados "por naturaleza de razón y conciencia".

privilegiadas. La dignidad de la persona humana se funda en su naturaleza racional, que se manifiesta en las facultades racionales de entender (inteligencia) y de querer racionalmente (voluntad). Gracias a ellas, la persona actúa con libertad, por su propia decisión o autonomía, a diferencia de los demás seres, inertes o vivos, que actúan sujetos a los determinismos de las leyes físicas, químicas y biológicas. Por eso, la dignidad de la persona humana significa, por una parte, la superioridad del ser humano respecto de las cosas, plantas y animales, a los que ordinariamente se puede tratar como medios que sirven para determinados fines. Se puede tener en propiedad unas tierras, un animal, unas plantas, pero la dignidad de la persona exige que la persona no sea un objeto de propiedad.

Como todos los hombres son iguales por naturaleza y no hay alguno que por sí mismo sea esencialmente superior a otro, todos tienen la misma dignidad o categoría en cuanto son seres humanos; todos son iguales entre sí, como hoy se reconoce ampliamente.

La relación interpersonal o de amistad que conviene a esa dignidad esencial de la persona es la amistad honesta, por la que se ama a la persona por considerarla un bien en sí mismo. La amistad útil o placentera, aunque no se contrapone a la dignidad de la persona humana, porque se contrae voluntariamente, no reconoce todo el valor que tiene la persona del amigo, por lo que es parcial y no plena.

En la ética kantiana, la dignidad de la persona humana se expresa en la formulación del imperativo categórico de que cada uno debe obrar de modo que se considere a sí y a los otros como un fin en sí mismo y nunca como un medio.[21] Conforme a esa perspectiva, es claro que la amistad útil o placentera no satisface esa regla; sólo la amistad honesta la cumple.

La amistad honesta es la única forma de relación interpersonal plenamente conforme con la dignidad de la persona, aunque no sea necesariamente la forma de amistad más frecuente. Sucede en esto algo que es común a todo lo humano, que es relativamente fácil concebir lo que es mejor para la vida personal y la vida social, pero dificultoso ponerlo en práctica. Así como

---

[21]   I. Kant, *Metaphysik der Sitten. Tugendlehre*, 38, III,321.

no es razonable dudar de que la amistad honesta es la mejor forma de relación humana, aunque no sea la prevaleciente, tampoco cabe dudar, como lo afirman tantos instrumentos jurídicos internacionales y nacionales, que todas las personas tienen derecho a una vida en condiciones económicas, sociales, políticas y culturales acorde con la dignidad que les corresponde, aunque no suceda así en la mayoría de los medios sociales actuales.

Aunque la amistad honesta no sea la que prevalezca en un medio social determinado, no por eso deja de ser posible practicarla. No es sensato dejarse abrumar por las estadísticas y renunciar a lo mejor posible. La amistad honesta es el camino para la perfección de la persona y de la vida comunitaria.

III. La amistad matrimonial

El matrimonio es una relación de amistad que tiene sus propias cualidades. Como toda amistad, la matrimonial es una relación en la que las dos personas quieren y procuran recíprocamente el bien del otro. Para ser esposo, lo mismo que para ser amigo, se requiere el hábito o virtud de hacer bien al amigo, en este caso, al esposo. Los esposos tienen esa virtud y, como sucede con toda virtud, tienen la voluntad de conservarla e incrementarla, de modo que cada día hagan más y mejores actos de amor en beneficio del otro; eso es lo que manifiestan los esposos cuando se dicen "te voy a querer siempre".

Todas las amistades generan cierta unión entre los amigos: unión de voluntades, de afectos, de inteligencia y también la unión de estar y actuar juntos en un mismo lugar, es decir, la unión que resulta de convivir y de colaborar. La amistad matrimonial se diferencia de las otras en que genera una unión más profunda, porque implica la unión de los cuerpos, un convenio de convivencia, y una comunidad de vida. En lo sucesivo se considerarán estos tres elementos peculiares de la amistad matrimonial, y las diversas uniones que generan los distintos tipos de amistad.

A. Unión corporal y amor erótico

La amistad matrimonial se caracteriza porque incluye el amor erótico, al que los griegos llamaron *eros* (ἔρος), que es, como todo amor, la tendencia o impulso a un bien, pero se especifica por el bien que pretende, que es la unión corporal o unión sexual, y se caracteriza por su vehemencia y por el intenso placer que produce. Este impulso no es elegido por la voluntad, sino que la persona lo experimenta sin proponérselo. La fuerza del impulso y la intensidad del placer que anuncia hicieron pensar a los filósofos griegos, y a los de otras culturas, que *eros* era un impulso divino, que hacía salir al hombre de sí mismo y le proporcionaba el placer más alto.

1. El fin objetivo y subjetivo de la unión corporal y del amor erótico

El objeto inmediato del impulso erótico, que es la unión corporal, realmente se consigue por el coito, que sólo puede darse entre varón y mujer, y gracias al cual los dos cuerpos se complementan y funcionan conjuntamente para generar un hijo y conservar la familia humana. La unión corporal entre varón y mujer es una unión orgánica,[1] en la que ambos cuerpos, con su propia y exclusiva virtualidad, contribuyen a un mismo fin, a la concepción de un nuevo ser humano. El fin objetivo del amor erótico, que no depende de la voluntad ni de las intenciones de las personas, es la procreación, la generación de los hijos, de lo cual depende la subsistencia de la especie humana.

La unión corporal sirve además para conservar y fomentar la unidad entre las personas, que libremente se dan la una a la otra. La entrega corporal no es un acto meramente físico, porque el ser humano es cuerpo y espíritu unidos, de modo que quien entrega su cuerpo voluntariamente a otro, en el marco de una relación de amistad, lo hace por alguna razón o bien que entiende y quiere para sí y para el otro, por lo que la entrega del cuerpo implica la entrega de la persona. Por eso, el fin subjetivo del amor erótico y de la unión corporal es la unidad de las personas.

El amor erótico, propio de la amistad matrimonial, ciertamente, como intuyeron los filósofos griegos, conduce al éxtasis o salida de uno mismo: los

---

[1]   Este concepto de "unión orgánica" ha sido resaltado como uno de los elementos fundamentales del matrimonio por Robert P. George, Sherif Girgis y Ryan T. Anderson, en "What is Marriage?", en *Harvard Journal of Law and Public Policy*, vol. 34, pp. 253 y ss. Esta unión orgánica se realiza únicamente en el coito entre varón y mujer, no en cualquier forma de producir placer sexual; por eso el coito, en la tradición jurídica americana, lo mismo que en la tradición canónica, es el acto que "consuma" el matrimonio.

dos esposos salen de sí mismos para darse a los hijos y para darse recíprocamente el uno al otro.

La unión física de dos cuerpos, que no concluye ni tiende al coito entre varón y mujer, puede generar placer, pero no realiza los fines propios del impulso sexual ni da lugar al éxtasis o salida de uno mismo, porque el efecto de esa unión es únicamente el placer que cada uno experimenta individualmente, por lo que el impulso erótico resulta frustrado.

2. La diversidad sexual

La unión corporal y los fines a los que tiende requieren de la diversidad sexual. El varón y la mujer tienen la misma naturaleza e igual dignidad o categoría, pero sus cuerpos son distintos anatómica y fisiológicamente, y dan lugar a una vida emocional y racional diferente. La diversidad corporal, psicológica y espiritual entre el varón y la mujer es una riqueza que beneficia y complementa a ambos, porque uno tiene lo que al otro le falta. No tiene sentido ignorar y, menos, intentar anular las diferencias, cuando éstas enriquecen la única naturaleza humana.

La riqueza de la diversidad entre varón y mujer se pone de manifiesto en el hecho de la fecundidad, en la procreación de un hijo, que es la mejor y mayor obra que pueden hacer el varón y la mujer, y que sólo puede hacerse por la unión del espermatozoide masculino con el óvulo femenino. También se manifiesta, de manera no menos importante, en la unidad de vida que produce la diferencia y complementariedad entre varón y mujer, en la que se integran los modos de sentir, de actuar, de pensar, de querer, de hablar y, en general, todos los modos de ser masculino y femenino.

La diversidad sexual, que es necesaria para la procreación de los hijos y para la unidad de los esposos es un hecho que demuestra que la perfección del ser humano, en cuanto tal, no se da en la independencia del varón o de la mujer, sino en su unión. Por esa unidad que resulta de la diversidad complementaria, no es de extrañar que las estadísticas demuestren que los niños que resultan mejor educados y aptos para la vida social son aquellos que viven en hogares de matrimonios estables, con un padre y una madre.[2]

3. La entrega corporal

La unión corporal entre varón y mujer no es un acto meramente físico o biológico, resultado de un impulso irresistible. No es necesario decir que la mera satisfacción del impulso por la posesión violenta del cuerpo de otra persona (lo que hoy llamamos violación) es algo inhumano, que va en contra de la racionalidad y dignidad de la persona humana. Erotismo y amor personal o amistad no son equivalentes. El mero impulso erótico es ajeno a la razón y a la voluntad, y para que produzca realmente el beneficio que anuncia, es necesario librarlo de la violencia y encuadrarlo en el marco de las relaciones interpersonales contraídas voluntariamente, es decir, en el marco de la amistad. La incorporación del impulso erótico en el marco de la amistad no implica la eliminación ni la restricción del impulso o del placer que conlleva, sino su adecuada orientación para mantenerlo en el mínimo nivel humano.

El impulso erótico que lleva a la entrega corporal voluntaria puede ser incorporado en una amistad útil, placentera u honesta, por lo que el grado y la calidad de la entrega dependen del tipo de amistad que se asuma.

a) La entrega corporal en una amistad útil. Se realiza como un medio para obtener algún beneficio económico, social o político, a cambio de proporcionar placer sensual. Eso es lo que sucede en la prostitución,[3] pero también en relaciones en las que, por la entrega sexual, se buscan beneficios de carácter laboral, de condición migratoria, de conocimiento de información

---

[2]   F. Pliego Carrasco, en *Familias y bienestar en sociedades democráticas*, México, Miguel Ángel Porrúa, 2012, quien, tomando en cuenta 351 estudios sobre la materia en 13 países (Australia, Brasil, Canadá, Chile, Colombia, España. Estados Unidos, Holanda, Japón, México, Noruega, Perú y Reino Unido de la Gran Bretaña e Irlanda del Norte), demuestra estadísticamente que son más altos los índices de bienestar en parejas de varón y mujer con hijos comunes, que en otro tipo de parejas; véase especialmente el capítulo XVII, pp. 309-325. En Estados Unidos, es donde más estudios se han hecho sobre este punto y puede verse una síntesis de los resultados estadísticos que demuestran que los hijos educados por familias estables de un padre y una madre común, resultan mejor educados y aptos para una vida social productiva, en The Witherspoon Institute, *Marriage and the Public Good*, Princeton, New Jersey, 2008, pp. 9-12.

[3]   La palabra proviene del verbo latino *prostituo*, que a su vez deriva de *pro* y *statuo*, que equivale a "exponer", "poner delante de los ojos", y de ahí que vino a significar "vender torpemente la fama u honor propio o la belleza corporal". Véase R. de Miguel, *op. cit.*, s.v. *prostituo*.

reservada, etc. La unión personal que genera esta entrega es mínima: es simplemente la coincidencia de voluntades en el acto de unirse y de aprovecharse útilmente.[4]

b) La entrega corporal en la amistad placentera o afectiva. El impulso erótico también puede estar integrado, incluso como elemento principal, en una amistad placentera, en la que ambas personas procuran agradarse, porque están unidas emocionalmente o enamoradas, pero sin interesarse plenamente por la persona del otro. En esta unión, cada uno busca su propio placer y quizá proporcionar placer al otro. Los cuerpos se unen, los sentimientos también, pero las voluntades coinciden solamente en la intención libre de unirse y en la de proporcionarse placer en ese momento, pero sin asumir expresamente el cuidado del otro, más allá de la unión corporal, ni el cuidado del hijo que pudiera venir, al cual se ve, por la misma limitación de la unión, como algo indeseable que debe evitarse, y no como un fruto de su amistad.

La unión que se da entre las personas que se entregan corporalmente en este nivel de amistad es meramente ocasional, y por un motivo que no es la persona misma en toda su integridad, sino sólo sus aspectos placenteros. En esta unión, las personas, aunque voluntariamente la consientan, no se tratan recíprocamente como personas que merecen ser amadas por sí mismas, sino como instrumentos que producen placer, no solamente placer sexual, sino también, y quizá principalmente, placer afectivo.

En este mismo nivel de amistad, puede suceder que una de las personas ame a la otra por sí misma, pero ésta sólo quiere el placer, lo que ocurre frecuentemente cuando hay diferencia de edad, y la de mayor edad abusa de la ingenuidad de la otra. En estos casos se habla de "seducción", es decir, de "engaño".

Pero hay también seducción cuando ambas, por la intensidad del deseo, se engañan, y no se dan ni exigen el trato que como personas merecen. Es lo que ocurre en la unión corporal de varón y mujer, cuando se unen, sin comprometerse y sin querer procrear; en tal caso, aunque hay unión corporal, se

---

[4] La entrega corporal en la amistad útil está dominada por la sensualidad. Véase K. Wojtyla, *Amor y responsabilidad*, Madrid, Razón y Fe, 1969, pp. 113-119.

frustra el significado objetivo de la unión, que es la procreación, y también el significado subjetivo, pues no hay unión plena entre ellos, pues no se comprometen y además se niegan, recíprocamente, el ser padre o madre y el tener hijos conjuntamente.[5]

El impulso erótico en la amistad útil o en la amistad placentera lleva efectivamente a la posesión pacífica del cuerpo de otra persona, pero aún no desarrolla toda su virtualidad.

c) La entrega corporal en amistad honesta. Si la entrega se hace en el ámbito de la amistad honesta, en el que los amigos se quieren recíprocamente como un bien que merece ser amado por sí mismo, la entrega es plena, porque no se hace únicamente por utilidad o por placer, sino por la persona misma del otro para servirle durante toda su vida, de modo que cada uno de los esposos se vuelve un bien para el otro: cada uno hace el don de sí mismo al otro, cada uno es un bien para el otro, y la perfección o desarrollo pleno de ambos es el bien común al que aspiran. La entrega plena no significa que la persona renuncia a su voluntad y se somete a la voluntad de la otra, sino que cada una decide poner todas sus facultades actuales y futuras al servicio del bien de la otra.

Tal entrega de toda la persona requiere que se manifieste fehacientemente la voluntad de cada una de darse de esa manera, por lo que necesita realizar un convenio, del cual se tratará más adelante, en el que ambas manifiesten sin dudas esa voluntad de darse a sí mismas al otro por toda la vida. La entrega corporal, por la que cada esposo deja que el otro posea su cuerpo, es fruto, resultado o consecuencia del don de sí mismo que cada una hace a la otra. La sola entrega corporal sin compromiso no es entrega en amistad honesta.

La entrega también se dice plena, porque se quiere no sólo un bien parcial del otro, como su salud o desarrollo profesional, sino su bien o perfección integral, lo cual incluye todos los aspectos materiales, físicos, económicos, espirituales y el bien de ser padre o madre y de tener hijos conjuntamente.

---

[5] La entrega corporal en el marco de la amistad placentera está dominada por la afectividad, por las emociones y sentimientos, por lo que frecuentemente se dice que es una entrega por "amor verdadero", cuando en realidad es una entrega limitada que no corresponde a la plenitud del amor humano. Véase *Ibid*, pp. 119-124.

Por eso, la entrega en amistad honesta está abierta a la procreación de los hijos y a la formación de una familia.

La entrega matrimonial en amistad honesta, por ser una entrega plena, tiene las características de exclusividad y definitividad. Es necesariamente exclusiva, ya que únicamente puede hacerse en favor de una persona. La poligamia o poliandria, que hoy se llama eufemísticamente "poliamor", sólo puede darse en la amistad útil o placentera, en las que se desea principalmente el provecho propio y no el bien del otro. Es definitiva, es decir irrevocable, porque si se quiere a la persona por sí misma, se la quiere mientras viva, independientemente de cómo sea su desarrollo profesional, económico, su estado de salud o su comportamiento hacia el esposo o la esposa o hacia los hijos. Ése es el gran reto de la amistad honesta: ser fiel, a pesar de todo;[6] es una amistad incondicional.

Dada la trascendencia personal y social que tiene la entrega plena, ésta se hace en el momento en que los amigos se comprometen de por vida mediante un convenio libremente asumido, del cual se tratará en el siguiente apartado, que los esposos no pueden revocar ni el poder político disolver.

En esa entrega, el amor erótico desarrolla toda su virtualidad: hace que cada una de las personas salga de sí misma, y mire definitivamente por el bien integral de la otra y el de los hijos. El "éxtasis" que produce el amor erótico en amistad honesta no es simplemente un intenso placer momentáneo, es más bien un salir de uno mismo para ocuparse y preocuparse del cónyuge y de los hijos, con todas sus fuerzas y durante toda su vida; es, más que instante de gozo, un camino permanente por recorrer.

B. El convenio matrimonial

Es propio de los amigos convivir, por eso siempre buscan la ocasión de estar y actuar juntos. La convivencia puede darse de manera temporal o permanente. En el primer caso, se habla de reunión: los amigos se reúnen para comer,

---

[6]   Sobre la posibilidad de suspender la convivencia matrimonial sin romper el vínculo conyugal que libremente han creado los esposos, véase el convenio de vivir en amistad honesta.

para asistir a una fiesta o espectáculo, o incluso para irse de vacaciones varios días, pero saben que, en cualquier caso, la reunión terminará y cada uno regresará a su lugar. Cuando se quiere una convivencia estable, como sucede en la amistad matrimonial, se requiere de algo más.

Para constituir una convivencia estable es necesario que los amigos realicen un acuerdo o convenio de convivir, cuyo contenido depende de los fines que quieran alcanzar, es decir, del tipo de amistad que los una.

El convenio de convivir es un elemento necesario de la amistad matrimonial. Desde esta perspectiva, se ha entendido el matrimonio como un "contrato", es decir, un acuerdo de voluntades o convenio. Pero la definición del matrimonio como contrato es insuficiente, como lo sería definir una sociedad mercantil o una asociación política como otro tipo de contrato. La asociación se especifica por el fin que pretende. Si se quiere saber qué es una asociación y, en consecuencia, qué es el matrimonio, es necesario indagar el fin o fines para los cuales se constituye, que dependen del tipo de amistad matrimonial que tengan.

1. La amistad útil no genera un convenio de convivir

No es probable que dos personas que se entregan corporalmente por una amistad meramente útil quieran vivir juntas, pues nadie convive con alguien que no le agrada. Si quisieran continuar su relación, bastaría con que se reunieran de vez en cuando.

2. El convenio de convivir que resulta de la amistad placentera o meramente afectiva

La amistad placentera entre varón y mujer puede efectivamente dar lugar al convenio de convivir, de entregarse corporalmente y de ayudarse mutuamente. Este convenio da lugar a una asociación afectiva, por tiempo indefinido, ya que el fundamento de su amistad es el placer, afecto y ayuda que recíprocamente experimentan. Y puede terminar por la decisión unilateral de cualquiera de las partes, cuando advierta que ya no hay placer, afecto o utilidad en su convivencia ni parezca posible esperarlo en el futuro. Parecería rudo que el convenio se fijara por un plazo determinado, tres años, por ejemplo, pero nada impide, desde el punto de vista jurídico, que el convenio se hiciera así. En la generalidad de los casos, tal convenio de convivir sería por tiempo indeterminado, es decir, mientras no se disuelva. El convenio genera las obligaciones jurídicas que las partes hayan expresamente convenido y, además, los deberes éticos propios de la convivencia entre amigos.

Como la entrega corporal en este convenio se hace por razón del placer, en sintonía con la mentalidad hedonista que se ha ido difundiendo en la cultura actual, los amigos en este nivel de amistad matrimonial suelen rechazar la posibilidad de procrear, de modo que la generación y educación de los hijos no son fines que persiguen al asociarse. Por esta limitación, su asociación afectiva no tiene ninguna trascendencia social, porque se constituye en beneficio exclusivo de los contrayentes.[7] Como asociación privada, puede estar reconocida y regulada por las leyes, como lo están otro tipo de asociaciones privadas, pero se regirá, principalmente, por la voluntad de los contrayentes, quienes pueden libremente determinar todas las condiciones y reglas que rijan su asociación.

Si quienes deciden convivir en amistad placentera y afectiva incluyen en los fines de su asociación la generación y educación de los hijos, conforman una asociación afectiva más completa. Dada la apertura a la procreación, este convenio de convivir suele estar regulado como matrimonio por el poder público, con el fin de tutelar el bien de los hijos.[8] Debe notarse que el vínculo asociativo se genera por la voluntad de los contrayentes, no por el poder público, el cual sólo sanciona algunas de las obligaciones que libremente asumieron los contrayentes, especialmente aquellas que tienen que ver con el bien de los hijos, como la estabilidad de la unión y la exclusividad de la unión corporal.

---

[7] Puede alegarse, en contra, que el beneficio de cada contrayente es de interés social, porque preserva y desarrolla a un integrante de la comunidad. Pero el cuidado y desarrollo de personas adultas es principalmente materia de su propia responsabilidad individual y no de la responsabilidad común. Es diferente el caso de menores o incapacitados, cuyo cuidado y desarrollo atañe a sus familias y, subsidiariamente, a la comunidad.

[8] Actualmente, en lugar de hablar del bien del hijo, se suele hablar del "interés superior" del menor. Es un reflejo de una cultura que no distingue entre el bien inmediato del niño, o interés, por ejemplo, inscribirlo en una escuela cercana a su casa, y el bien a largo plazo o bien personal, que sería, digamos, inscribirlo en una mejor escuela, aunque tarde un poco más en llegar a ella.

Como el fundamento de este convenio es la amistad placentera, el vínculo asociativo puede terminar en el momento que alguno de los contrayentes no quiere continuar la asociación, porque ya no le resulta agradable; pero, por la presencia de los hijos y el carácter público de la asociación, el poder político, por medio de instancias administrativas o judiciales, suele intervenir para autorizar o aprobar la disolución y garantizar el cuidado y educación de los hijos.

Actualmente, las leyes, incluidos los códigos civiles, suelen reconocer como matrimonios esas asociaciones afectivas, derivadas del convenio de convivir en amistad placentera, abierto a la procreación y educación de los hijos, contraído entre varón y mujer. La celebración pública del convenio matrimonial sirve para fortalecer la decisión de los cónyuges, comprometerlos públicamente y sancionar públicamente algunas de las obligaciones que genera, pero puede darse el convenio sin necesidad del reconocimiento legal.

Por la protección que las leyes han dado al concubinato y otras uniones que son fruto de un convenio meramente privado, a las que les reconocen casi los mismos derechos que a los contrayentes de un convenio matrimonial públicamente celebrado, se ha mermado la importancia de la celebración pública de este tipo de uniones, por lo que los jóvenes suelen verla como una formalidad innecesaria, que además complica su relación voluntaria.

Ese convenio de vivir en amistad placentera abierto a la procreación, que las leyes reconocen como matrimonio civil, no es la forma de asociación afectiva plenamente conforme con la dignidad humana, porque las personas que constituyen una asociación afectiva que puede disolverse en cualquier momento, no se quieren por sí mismas, sino como medios o instrumentos para una convivencia agradable, ni es una asociación que asegure la educación de los hijos.

3. El convenio de convivir en amistad honesta

Es el convenio que libremente hacen los contrayentes, por el cual cada uno se entrega plenamente al otro, se dona al otro, y al mismo tiempo lo recibe, con la finalidad de convivir, procrear y educar a los hijos y ayudarse mutuamente, en todos los aspectos, por toda la vida. La amistad honesta entre ellos los mueve a esa entrega plena por la que cada uno pone al servicio del otro todas sus capacidades, durante toda su vida, para procurar el bien integral del otro y de los hijos

Es evidente que no se contrae un compromiso de semejante importancia sino después de haber elegido cuidadosamente a la persona con la que se contrae. Es verdad que todas las amistades suponen la elección del amigo, pero la amistad matrimonial exige que la elección sea especialmente cuidadosa y reflexionada.

El convenio entre varón y mujer de entregarse y recibirse plenamente para vivir en amistad honesta y de procrear y educar hijos es propiamente el compromiso matrimonial,[9] y la asociación que resulta de éste es el matrimonio plenamente conforme con la dignidad de la persona humana. El vínculo, o relación jurídica, que une a los contrayentes, como ya se ha dicho, lo crean ellos, no el poder político. Si ellos libremente han decidido unirse por toda la vida, el poder político debería, al menos, respetar esa decisión, en vez de entrometerse para aparentar que la anula,[10] mediante un decreto judicial que declare la disolución del vínculo o divorcio. Es ésa una intromisión que pretende expropiar el vínculo matrimonial, como si fuera obra de la potestad política, que lo hace o deshace a su gusto, y no obra de la libre voluntad de los contrayentes.[11]

Quienes convienen el matrimonio por toda la vida renuncian a la disolución del vínculo matrimonial. Ellos lo han querido libremente así, y así lo han expresado al convenir su matrimonio, por toda la vida, de modo que la disolución del convenio, aunque ambas partes estén de acuerdo en ello, es indebida, contraria a la palabra que ellos mismos se dieron de amarse por

---

9   Hay un convenio porque hay coincidencia de voluntades, pero la voluntad de cada uno se expresa mediante la promesa incondicionada de que cada uno hace al otro, de amarlo por toda la vida; por el hecho de que el convenio se conforma de dos promesas es mejor llamarlo compromiso (con promesa); si se considera únicamente la promesa de uno, se le puede llamar, como se hace en la tradición inglesa "voto", es decir, promesa con juramento.

10 El poder político no puede anular lo que no ha creado.

11 El Código de derecho canónico al respecto afirma, canon 1057§1: "El matrimonio lo produce el consentimiento de las partes".

toda la vida. Si se admitiera que ellas puedan lícitamente disolver lo convenido sería como admitir que lícitamente pueden mentirse y engañarse.

La mayoría de las leyes civiles vigentes sólo reconocen como matrimonio el convenio disoluble, porque se presupone que las personas no son capaces de mantener la palabra que mutuamente se dan de amarse por toda la vida. Es una pobre concepción de la capacidad humana, como si las personas no pudieran amar a los hijos, a los amigos, o al cónyuge, por toda la vida ni pudieran hacer un compromiso verdadero de amor por toda la vida. Es verdad que es difícil amar por toda la vida, porque nadie es perfecto, ni el que ama ni aquellos a quienes se ama, pero es posible perseverar en el amor que se promete, a pesar de las inevitables dificultades, como lo demuestran numerosos testimonios de esposos, padres y amigos. No hay mayor alegría humana que la de amar y saberse amado por toda la vida, pase lo que pase.

A veces sucede que las parejas unidas en amistad honesta, por causas ajenas a su voluntad, no pueden procrear hijos. Eso, que puede ser una fuerte contrariedad, no impide la trascendencia de su amor, que puede dirigirse a hijos adoptados, o a otras personas necesitadas de sus mismas familias, o bien, al servicio de la comunidad, por medio de obras de asistencia social, o de otra naturaleza, es decir, su amor no queda encerrado entre ellas, sino que trasciende en beneficio de la comunidad, aunque no tengan hijos.

También puede suceder que, por diferentes causas, la convivencia entre los esposos resulte nociva para ellos y para los hijos, por ejemplo, por causa del alcoholismo o de una enfermedad mental. Esto puede justificar que termine la convivencia entre ellos, pero no el deber que libremente asumieron de amarse por toda la vida. Podrán vivir cada uno en su domicilio, y seguirse amando, por ejemplo, perdonándose las ofensas, ayudándose en caso de alguna necesidad, apoyándose mutuamente para el cuidado y educación de los hijos y, eventualmente, conviviendo en ciertos momentos, por ejemplo, en las celebraciones familiares, y dejando abierta la posibilidad de reanudar la convivencia.

De modo que el matrimonio, que nace como amistad y se formaliza con el convenio, prosigue como amistad comprometida y compartida. El convenio no extingue la amistad ni su espontaneidad y frescura, simplemente la afirma y la refuerza, con su celebración pública, por la que la comunidad civil y religiosa se hacen testigos y colaboradores del compromiso que los novios libremente asumen. Los novios que antes eran amigos, por el convenio, se hacen esposos, es decir, amigos comprometidos.

De los diversos convenios que pueden realizarse, el único que genera el matrimonio conforme con la dignidad humana es el que procede de la amistad honesta, aunque la mayoría de las legislaciones civiles de hoy no lo reconocen.

C. La comunidad de vida

El convenio matrimonial, por el que ambos se comprometen a amarse y a los hijos que eventualmente lleguen a tener, no es la culminación del matrimonio, es sólo el momento en que los novios se comprometen públicamente a vivir en amistad honesta. Es un error común considerar que el matrimonio es únicamente el convenio, cuando éste es la forma de constituirlo. La amistad que da lugar al convenio, es decir, la recíproca relación por la que las dos personas se aman, prosigue después del convenio en una comunidad de vida, que incluye a los contrayentes, sus hijos, las familias de los contrayentes y los amigos de los contrayentes y de sus hijos.[12]

La comunidad de vida que genera el convenio matrimonial permite que los esposos vayan creciendo en su amistad recíproca y en su amistad mutua hacia los hijos, pero esto requiere que haya convivencia, que tengan conciencia de sus deberes contenidos en el vínculo matrimonial y que hagan actos efectivos de amistad.

1. La convivencia matrimonial

Es el signo más aparente de la existencia de un matrimonio. La convivencia permite la interacción cotidiana entre los esposos, su acoplamiento o

---

12 El derecho canónico matrimonial señala esta diferencia mediante la distinción entre constituir matrimonio (*matrimonium fieri*) y el hecho matrimonial (*martrimoniun in facto esse*).

recíproca adaptación, su mayor conocimiento mutuo, el intercambio de experiencias y la formación de una experiencia o historia común.

Sin embargo, la convivencia no es continua. Cada uno de los esposos hace su propia vida y conviven ciertos momentos durante los días laborales y quizá los días completos los fines de semana y vacaciones. Es una buena práctica matrimonial procurar que todos los días haya varios momentos de convivencia, especialmente en las horas de las comidas, y procurar la convivencia de todo el día en los fines de semana y en los periodos vacacionales. Hoy, por las exigencias laborales cada vez es más difícil que los esposos convivan todos los días, e incluso que lo hagan los fines de semana. También suele suceder que se dificulta la convivencia por razón de los viajes de trabajo, que a veces exigen que uno de los esposos viva en otra ciudad o incluso en otro país.

Si el matrimonio no fuera más que la convivencia en el mismo domicilio, la falta de convivencia durante cierto tiempo causaría la terminación del matrimonio. Pero, como el matrimonio proviene de un convenio que, además de la convivencia, produce otras obligaciones para ambas partes, puede suceder que se interrumpa la convivencia y que las partes sigan cumpliendo con sus otras obligaciones matrimoniales y conviviendo cuando sea posible. La interrupción de la convivencia no significa necesariamente la terminación del matrimonio, porque la comunidad de vida matrimonial es más amplia que el hecho de convivir.[13]

2. El vínculo matrimonial

El convenio matrimonial genera obligaciones jurídicas y deberes morales entre las partes, de acuerdo con el contenido del convenio. Los dos tipos de convenio matrimonial analizados generan deberes jurídicos, es decir, deberes reconocidos por el ordenamiento jurídico y judicialmente exigibles, y también generan deberes éticos, que, aunque no sean judicialmente exigibles, los

---

[13] Cuando se concibe el matrimonio como una mera situación de hecho, como simple convivencia, se tiende a pensar, como en algunos códigos civiles, que el matrimonio termina necesariamente por la falta de convivencia durante un cierto tiempo, por ejemplo, durante uno o dos años.

esposos esperan y pueden exigir que se cumplan. Este conjunto de deberes jurídicos y éticos es lo que se suele denominar "vínculo matrimonial".

El vínculo es algo distinto de la convivencia, por lo que puede suceder que la convivencia se suspenda, o incluso termine, sin embargo, el vínculo matrimonial subsiste.

La razón de ser de los deberes matrimoniales es el convenio que hacen los esposos, y la naturaleza de la amistad matrimonial. Ellos libremente deciden unirse para convivir, ayudarse mutuamente y fundar una familia. Por sus palabras, quedan vinculados a cumplir lo convenido. El poder público podrá sancionar o no ese convenio, pero si no lo sancionara, el convenio igualmente obligaría éticamente a los contrayentes que se han dado recíprocamente su palabra.[14]

En todo convenio matrimonial el vínculo comprende algunos deberes que suelen reconocer todos los ordenamientos jurídicos, como el deber de convivir,[15] de respetar la exclusividad corporal;[16] de hacer aportaciones económicas de bienes, dinero o servicios, para el mantenimiento de la casa común y para el cuidado y educación de los hijos.[17] Esos deberes no son impuestos por el poder público, sino generados por el convenio matrimonial, y son los deberes o servicios indispensables para que el matrimonio funcione. La sanción pública tiene como finalidad simplemente asegurar su cumplimiento.

El vínculo matrimonial comprende, además de los deberes jurídicamente sancionados, un conjunto de deberes éticos, sin sanción jurídica, de

---

[14]   La obligatoriedad del convenio tiene como fundamento un principio ético evidente, esto es, la prohibición de mentir, que, en sentido positivo, es el deber de ser veraz; quien afirma formalmente que va a dar o hacer algo, tiene el deber de darlo o hacerlo. El cumplimiento de la palabra dada se denomina *fides* en la tradición jurídica romanista, de donde deriva la palabra "fidelidad". Por eso, la fidelidad conyugal abarca el respeto a la palabra dada, y no únicamente el de la exclusividad de la unión corporal.

[15]   La obligación de convivir está sancionada indirectamente, pues se considera una "causal de divorcio" el abandono del hogar y, como delito, el abandono de los hijos.

[16]   La sanciona el ordenamiento jurídico mediante el castigo del adulterio y de la bigamia, considerados actos delictuosos. A veces se denomina este deber como "fidelidad", pero ésta tiene un sentido más amplio; véase nota 10.

[17]   Este deber suele llamarse de "pagar alimentos", el cual subsiste, en determinadas circunstancias, aun después de disuelto el matrimonio.

hacer muchos servicios, es decir, actos en favor del otro, que suelen hacer los esposos entre sí, como acompañarse, animarse, consolarse, perdonarse, corregirse, divertirse, comprenderse, acariciarse, tolerarse, ayudarse, tenerse paciencia, escucharse y también callarse, alegrarse, cuidarse, congraciarse y muchos otros más que la misma vida cotidiana va sugiriendo según sean las necesidades y circunstancias de los esposos.

Además, los esposos tienen muchos otros deberes semejantes hacia los hijos, que tienen un doble fundamento, porque además de fundarse en el convenio matrimonial abierto a la procreación, por el que los esposos se comprometen, en el mismo momento de contraer el matrimonio, a servir a los hijos que eventualmente lleguen a tener, se funda en el hecho mismo de haberlos procreado, que les genera el deber de llevar a término la obra comenzada.

El vínculo matrimonial genera amistad entre los esposos en tanto que es una guía que dirige sus inteligencias y voluntades a descubrir lo que el otro cónyuge o los hijos necesitan y a ponerlo por obra. Todos los deberes comprendidos en el vínculo matrimonial no son, como a veces se piensa, una "carga" que los esposos deben soportar y sobrellevar con paciencia y dificultad; son más bien las luces que indican los caminos por los que su amistad crece.

Podría suceder que la convivencia entre los esposos se interrumpa durante cierto tiempo o por ciertos periodos cíclicos, por ejemplo, el segundo semestre de cada año, o se vuelva esporádica, porque uno de los esposos vive en otro país, o incluso que se interrumpa definitivamente, por ejemplo, por enfermedad de alguno de los esposos que necesita estar internado permanentemente, pero en todos estos casos el vínculo matrimonial y la comunidad de vida subsisten, y los esposos siguen debiéndose aquello que convinieron darse cuando decidieron unirse para vivir en amistad. Es cierto que, en estos casos, por haber cambiado las circunstancias, el contenido concreto de los deberes también puede cambiar, pero los deberes mismos subsisten. Por ejemplo, en el caso de que uno de los esposos viva en otro país, el deber de fidelidad permanece, lo mismo que el de aportar económicamente, y si uno de ellos, o alguno de los hijos enfermara, el que está ausente debe cumplir con su deber de ayudar y cuidar al enfermo en la medida que pueda hacerlo desde donde está.

El vínculo matrimonial no está fundado en la convivencia ni depende de ella, sino en el convenio que libremente celebraron. ¿Puede disolverse el vínculo conyugal, de modo que los esposos queden libres de cualquier obligación o deber respecto del otro? Como el vínculo se crea por el convenio matrimonial, sólo puede terminarse de acuerdo con lo convenido, por lo que será necesario conocer cuál fue la voluntad de los esposos cuando se casaron.

Si los contrayentes, movidos por amistad placentera, decidieron casarse, su voluntad de amarse no era permanente, pues estaba fundada en el placer o agrado de su compañía, por lo que el vínculo podrá disolverse por mutuo consentimiento, o incluso por declaración unilateral de cualquiera de ellos, cuando viera que la convivencia se ha vuelto inútil y desagradable. Dada la naturaleza pública del convenio matrimonial, las leyes civiles regulan la forma de terminar el vínculo matrimonial, que suele ser mediante una sentencia judicial o una decisión administrativa, y que procede cuando ambos esposos o uno de ellos quiere disolverlo. En estos casos, aunque se decrete el divorcio, la comunidad de vida no termina, porque subsisten ciertos deberes jurídicos entre los esposos divorciados, por ejemplo, pagarse "alimentos" o repartirse los bienes comunes y, respecto de los hijos, los deberes de proveer para su educación y sustento, mientras no alcancen la mayoría de edad.

En cambio, si los esposos, movidos por amistad honesta, contrajeron matrimonio, su voluntad era de mantener la amistad por toda la vida, pues se querían por sí mismos y no por el placer o la utilidad. La cuestión sobre la disolución del vínculo se plantea de otra manera: ¿es lícito que revoquen la palabra de amarse por toda la vida, cuando libremente la dieron, sabiendo lo que hacían? Responder que uno puede lícitamente revocarla es afirmar que es lícito mentir, lo cual es absurdo. Responder que los dos, de común acuerdo, pueden revocar su palabra de amarse por toda la vida, es afirmar que ambos pueden lícitamente mentirse y engañarse. Por lo tanto, a la pregunta sobre la licitud de disolver el vínculo conyugal, cabe responder que nunca es lícito hacerlo, cuando los esposos se casaron, movidos por amistad honesta y para vivir en amistad honesta.

Otra cuestión es si los esposos pueden ignorar los deberes que contrajeron. Y efectivamente sí pueden ignorarlos, pero no les es lícito, es decir, no es justo. Lo mismo sucede en todos los aspectos de la vida: ¿pueden los gobernantes o empleados públicos apropiarse del dinero común? Sí pueden, pero no es lícito, no es justo que lo hagan. ¿Pueden los empresarios poderosos explotar a sus trabajadores pagándoles menos de lo que merecen y podían pagarles? Sí pueden, pero no es justo. ¿Pueden los trabajadores de confianza disponer del dinero que se les entrega para que lo administren en provecho de la empresa y usarlo para su propio provecho? Sí pueden, pero no es justo. ¿Pueden los esposos dejar de amarse cuando se comprometieron a amarse toda la vida? Si pueden, pero no es justo.

Con la pretendida disolución del vínculo matrimonial o divorcio, decretado por un juez con poder público, sucede que se ha dado una intervención indebida del poder público, porque se ha llegado a considerar que la palabra de los esposos de amarse por toda la vida no es una palabra veraz, es sólo una intención, o una ilusión, por lo que el poder público ha intervenido para declarar que puede ordenar la disolución del vínculo matrimonial, a pesar de lo que los esposos hayan convenido. Esta intervención del poder público es totalmente abusiva y generadora de irresponsabilidad. Es abusiva porque el matrimonio no lo crea el poder público, sino que es obra de los contrayentes, y por tanto no lo puede disolver el poder público, y es generadora de irresponsabilidad porque presupone que la palabra que se dan los esposos de amarse por toda la vida es falsa, y que ellos no son responsables de cumplir lo que se prometieron.

3. La unidad personal o amistad matrimonial

La comunidad de vida permite que la amistad matrimonial se vaya consolidando por medio de los actos que realizan los esposos cotidianamente y durante toda su vida, para su recíproco bien y el de sus hijos. De la amistad matrimonial honesta cabe afirmar lo que los filósofos griegos y latinos decían acerca de la amistad perfecta: hace que el amigo sea otro yo, produce un mismo querer y un mismo no querer, hace que amar al otro sea como amarse a uno mismo y que cada uno sea un bien para el otro.

La unidad personal que resulta de la amistad es una unidad dinámica, es decir, que no se logra definitivamente, sino que va cambiando, para crecer o decrecer, según sean los actos que los esposos realizan entre sí. Nunca es algo definitivamente logrado. Desde esta perspectiva, el matrimonio es un camino por recorrer. Puede suceder que quienes iniciaron el matrimonio con la sola visión de la amistad placentera, con el paso del tiempo y, sobre todo, por los actos amistosos que ejecutan entre sí, vayan construyendo una amistad honesta; y viceversa, quienes comenzaron con la base de una amistad honesta, pueden degradarla, y aun perderla, por una interacción negativa.

El desarrollo de la unidad personal o amistad matrimonial requiere de la unidad física, o convivencia, sin la cual es muy difícil desarrollar la amistad. Los esposos jóvenes deben cuidar especialmente el tener tiempos de convivencia cada día, los fines de semana y en vacaciones, durante los cuales pueden conocerse mejor e interactuar adecuadamente para perfeccionar su relación.

Es importante también que mantengan y profundicen la conciencia de estar unidos jurídica y éticamente, por ciertas obligaciones y deberes recíprocos que los mueven a realizar los actos que perfeccionen su amistad. Esa conciencia es la guía que indica los actos que han de realizar en pro de su amistad, por eso cabe decir que los deberes no son una carga, sino los caminos del amor.

Entre todos los actos de amistad que los esposos realizan es especialmente significativo el acto de unirse corporalmente, que es un signo por el que demuestran su unidad personal y, a la vez, un medio eficaz para incrementarla, mientras se realice en las condiciones adecuadas a la dignidad de las personas.

La interacción entre los esposos no es de un sólo signo. En todos los matrimonios hay interacciones positivas y negativas, durante toda la vida. Pero es posible, por el esfuerzo de cada uno, que las interacciones positivas prevalezcan y, en consecuencia, que la amistad se perfeccione. También existe la posibilidad de que predominen las interacciones negativas, que la amistad se seque y que termine por romperse.

¿De qué depende que los actos sean positivos o negativos para la amistad? Fundamentalmente del esfuerzo de cada esposo de hacer preferentemente lo que es justo, antes que lo útil o placentero, es decir, depende de la virtud de cada uno. Es cierto que entre amigos que se quieren bien espontáneamente realizan actos para beneficio y gozo del otro, pero como ninguno es perfecto, también espontáneamente realizan actos en detrimento y dolor del otro. Por eso, para mantener la amistad matrimonial, como cualquier otra, es necesario un esfuerzo continuo, la virtud que, a medida que crezca, irá haciendo que sea más fácil, y aun espontáneo, obrar en beneficio de la amistad, y más difícil, obrar en sentido adverso.

El esfuerzo por crecer en la amistad matrimonial no es únicamente obra de la voluntad, sino también de la inteligencia. Es necesario saber juzgar lo que, en cada circunstancia concreta, puede beneficiar o agradar al cónyuge y a los hijos. Para juzgar adecuadamente, conviene tener en cuenta la "regla de oro" y reflexionar: "¿Cómo me gustaría que me tratara si yo estuviera en la situación en que el otro está?", o "¿Qué no me gustaría que él hiciera si yo estuviera en la misma situación?". En la mayoría de los casos no es complicado acertar y descubrir lo que el otro realmente necesita. Por ejemplo, si uno de los esposos está enfermo, es justo poner los medios para cuidarlo: acompañarlo, en vez de salir con los amigos; comprar los medicamentos que necesite, aunque sean caros; llevarlo al médico aun sacrificando tiempo de trabajo o de relaciones sociales; o si uno de los esposos pierde el trabajo, es justo apoyarlo, comprenderlo, ayudarlo a conseguir otro empleo, en vez de recriminarlo, criticarlo, amenazarlo o insultarlo; o si un hijo requiere un tratamiento médico oneroso, es justo posponer la compra de un automóvil o unas vacaciones o un gasto personal, con el fin de tener el dinero para pagarlo; o si entre los hijos se pelean o insultan, es conveniente enseñarles a perdonar, proponerles caminos para hacer las paces, ayudarlos a reconciliarse y no ponerse definitivamente del lado de uno e insultar al otro.

La determinación de lo que es justo en la vida cotidiana no es un problema complicado que sólo pueden resolver los especialistas; es un problema que se resuelve por el mero sentido común, al alcance de cualquier persona. Por supuesto que puede haber casos graves en esta materia, en los que sea necesario consultar a quien sabe de ello, pero eso no es lo ordinario.

Una vez que un esposo conoce lo que es justo, si es realmente amigo, querrá ponerlo por obra, para crecer en amistad. En este punto se nota claramente si los esposos están unidos en amistad honesta o únicamente en amistad placentera. El que es amigo verdaderamente siempre querrá para el otro lo que percibe como justo o debido; en cambio, el que está unido sólo por el placer, se pondrá a calcular si practicar lo justo no resultará molesto o perjudicial para él mismo. Para crecer en la amistad matrimonial es necesario conocer lo que es justo y querer practicarlo siempre. Pero eso aún no es suficiente; es necesario ejecutar el acto debido, y eso implica otra dificultad.

La dificultad está en vencer las emociones que se oponen a la ejecución de lo debido, por ejemplo, el cansancio, el deseo de guardar dinero, el rencor de una ofensa no perdonada, el deseo de poseer algún bien, el impulso por un placer sensible y muchas más, que cada uno podrá identificar en su propia experiencia.

Para superar esa dificultad, es necesario ir formando, mediante repetición de actos, una voluntad fuerte, capaz de superar el cansancio, la comodidad, el rencor, el dolor, la enfermedad, la impaciencia. Si cuando uno de los esposos está cansado y ve que el otro necesita alguna ayuda, por ejemplo, para recoger la mesa después de la cena o para escucharlo por algún problema personal o laboral, si vence el cansancio y sirve efectivamente al otro, fortalece su voluntad y hace crecer la amistad matrimonial; si, en cambio, prefiere descansar, se encierra en sí mismo y debilita la amistad matrimonial.

Además de una voluntad fuerte, se debe formar una voluntad templada, es decir, que no se mueva sólo por el placer inmediato y sensible, sino porque esté orientada al bien del cónyuge y de los hijos. Es la voluntad del esposo que prefiere, por ejemplo, regresar temprano a casa, antes que pasar un rato con los amigos, o dejar de comprar algo personal para invertir en la mejora de la casa, o renunciar a un espectáculo o diversión que pone en peligro la fidelidad conyugal, o comer menos para que alcance para todos, etcétera.

Cada día hay muchas oportunidades para fortalecer y templar la voluntad. A medida que los esposos las aprovechen positivamente, fortalecen la amistad matrimonial y son más capaces de beneficiar al otro y a los hijos.

Cabe recordar que la razón del esfuerzo no es el cumplimiento de una disciplina o de un programa preestablecido, es la amistad que une a los esposos, que ellos quieren conservar e incrementar por toda su vida.

IV. La amistad matrimonial es la forma más perfecta de amistad humana

De las tres formas de amistad posibles de que habló Aristóteles, la amistad honesta es la mejor, por eso la llama "amistad verdadera". Una persona puede tener varias amistades honestas, pero, de todas ellas, el matrimonio es la mejor porque es en la que los amigos se benefician más, por varias razones.

Es una amistad que implica la entrega plena y recíproca por el bien integral del esposo, con una convivencia continua y por toda la vida, lo cual hace que los esposos se sirvan y beneficien recíprocamente en todos los aspectos de su desarrollo personal y durante todos los días de su vida, aun cuando no puedan convivir. En cambio, las otras amistades honestas no implican ni convivencia continua ni servicio continuo por el bien integral del amigo, y los amigos se benefician sólo parcial y eventualmente. La plenitud de la amistad matrimonial hace que sea una amistad exclusiva y excluyente; excluyente en el sentido de que no puede haber dos amistades matrimoniales de una misma persona en el mismo tiempo, pues entonces no habría dedicación plena al esposo, pero no excluye que los esposos tengan otras amistades honestas de diverso tipo con otras personas.

Como toda amistad honesta, en la que se quiere al amigo por ser estimado como un bien en sí mismo, la amistad matrimonial es por toda la vida y se distingue porque se procura asegurarla mediante un convenio público y una ceremonia social, lo que no sucede con las otras amistades. El convenio no impide que, de hecho, la amistad matrimonial se rompa por parte de uno o de los dos, como puede romperse cualquier otra amistad, pero la existencia del convenio demuestra que la ruptura no es justa y les recuerda a los esposos que hicieron un compromiso por toda la vida, lo cual los mueve a repararla, aun cuando la convivencia entre ellos no sea posible.

La amistad matrimonial tiene otra característica que la distingue de las demás, y que confirma su superioridad, y es la posibilidad de ser fecunda, la posibilidad que tienen los esposos de que su amistad y recíproca entrega dé lugar al nacimiento de los hijos y así convertirse en padre y madre, es decir, en amigos de sus hijos, a los que quieren y cuidan por considerarlos bienes en sí mismos. La amistad matrimonial es siempre fecunda, pues al estar abierta a la procreación es una amistad que genera nuevas amistades honestas para bien de la comunidad, aunque eventualmente no engendre hijos.

La amistad matrimonial, por ser amistad honesta, con entrega plena y recíproca de los esposos, sellada por un convenio público y fecunda es la mejor amistad humana posible,[1] lo cual no quiere decir que todos los matrimonios la vivan de la mejor manera. Esa distancia entre el bien posible y la realidad actual se da en todas las obras humanas. Las empresas se constituyen para rendir un servicio social y generar valor agregado (sueldos, utilidades, etc.), pero no todas lo logran y muchas fracasan. La organización política se constituye para beneficio de todo el pueblo, pero muchas, de hecho, sólo sirven para beneficio de los gobernantes y los grupos aliados al poder, y lo mismo podría decirse de otras asociaciones, como sindicatos, universidades, partidos políticos y demás organizaciones, que tienden a procurar ciertos bienes, pero, de hecho, no todas los consiguen y terminan sirviendo a fines muy distintos.

La distancia entre el bien posible y la existencia actual no quiere decir que el bien posible sea falso, sino simplemente que requiere esfuerzo, un esfuerzo constante, con avances y retrocesos, con fracasos y éxitos, que muchas veces requiere corrección y volver a empezar. Así sucede con el matrimonio posible y los matrimonios actuales. El matrimonio fundado y desarrollado en la amistad honesta es un gran bien, me atrevería a decir que es el mejor de los bienes humanos, porque genera, conserva y difunde la amistad

---

[1] Estas características corresponden a las notas que tradicionalmente se le han asignado al matrimonio: unidad, fidelidad, indisolubilidad y fecundidad.

honesta, la amistad que permite que los seres humanos se reconozcan, se asocien y convivan de acuerdo con su dignidad de personas. Sin amistad honesta, la vida social se reduce a la lucha por la supervivencia y al predominio del más fuerte; sin amistad honesta tampoco hay justicia, pues ésta se basa en el reconocimiento de la igualdad de naturaleza y dignidad de todos los seres humanos.

Epílogo: la amistad matrimonial
se perfecciona con el amor
de Dios

El matrimonio fundado en y tendiente a la amistad honesta tiene semejanza con el amor de Dios por los hombres, a quienes ama por sí mismos. Si Dios amara a los hombres por puro placer o utilidad no sería Dios. El amor de Dios a los hombres es perfecto, siempre hace el bien, no tiene medida y es eternamente fiel. El amor de los hombres a Dios es imperfecto, con vacilaciones, errores y caídas, que Dios está siempre dispuesto a perdonar. A pesar de la enorme diferencia entre el amor divino y el amor humano, la coincidencia de estos dos amores genera una amistad entre Dios y el hombre, amistad que se denomina caridad.[1]

El hombre y la mujer que conocen el amor de Dios y le corresponden, es decir, que viven en amistad con Dios, aprenden a amarse como Dios los ama, con amor de beneficencia, sin restricciones, siempre fiel. Por eso es costumbre en todos los pueblos que el convenio matrimonial se haga invocando la bendición de Dios para que ayude a los esposos a vivir plenamente su matrimonio. En la Iglesia católica el matrimonio, además de constituirse por medio de un convenio, se hace por medio de un sacramento, es decir, por la bendición de Dios que santifica el matrimonio.

Toda persona, por su propia razón y conciencia de su dignidad puede reconocer que el matrimonio en sentido pleno es aquel que se constituye como resultado de una amistad honesta y mediante un convenio de entrega

---

[1] Tomás de Aquino, *op cit.*, II, 2 cuestión 23 artículo 1, donde dice: "Es, pues, evidente que la caridad es amistad del hombre con Dios".

plena, recíproca y exclusiva por toda la vida. Y toda persona tiene capacidad natural para vivirlo íntegra y fielmente. Pero es más fácil que los creyentes lo entiendan y lo vivan porque pueden y deben invocar la ayuda de Dios.

Referencias

ADAME GODDARD, Jorge, *Qué es el matrimonio. Su naturaleza ética y jurídica*, México, Instituto de Investigaciones Jurídicas, UNAM, 2017.

ALVIRA, T., L. Clavel y T. Melendo, *Metafísica*, 5a. ed., Pamplona, Ediciones Universidad de Navarra, 1993, pp. 72-74.

AQUINO, Tomás de, *Suma de Teología*, Madrid, Biblioteca de Autores Cristianos, 1997, II, I c. 27, arts. 1 y 2.

ARISTÓTELES, *Ética nicomáquea*, México, Universidad Nacional Autónoma de México, Bibliotheca scriptorum graecorum et romanorum mexicana, 1983.
_______________, México, Porrúa, 2000.

ARREGUI, J., Vicente Arregui y J. Choza, *Filosofía del hombre*, Madrid, Ediciones Rialp, 1993.

COMMISSIONE TEOLOGICA INTERNAZIONALE, *Alla ricerca de un'etica universale: nuevo sguardo sulla legge naturale*, Ciudad del Vaticano, Librería Editora Vaticana, 2009, p. 15 y ss.

HIPONA, Agustín de, *Epístola* (a Macedonio) 155,1.

KANT, I., *Fundamentación de la metafísica de las costumbres*, Buenos Aires, Aguilar, 1973.

PIMENTEL ÁLVAREZ, Julio, "Prólogo", en Cicerón, *Lelio: de la amistad*, México, Universidad Nacional Autónoma de México, Bibliotheca scriptorum graecorum et romanorum mexicana, 1997, pp. xliv-lii.

PLATÓN, *Lys*, p. 214.

PLIEGO CARRASCO, F., *Familias y bienestar en sociedades democráticas*, México, Miguel Ángel Porrúa, 2012.

Polo, L., *Quién es el hombre. Un espíritu en el mundo*, Madrid, Ediciones Rialp, 1993.

Sherif Girgis, Robert P. George y Ryan T. Anderson, "What is Marriage?", en *Harvard Journal of Law and Public Policy*, vol. 34, pp. 253 y ss.

The Witherspoon Institute, *Marriage and the Public Good*, Princeton, New Jersey, 2008.

Wojtyla, K., *Persona y acción*, Madrid, Bibilioteca de Autores Cristianos, 1982.

__________, *Amor y responsabilidad*, Madrid, Razón y Fe, 1969.

Yepes Stork, R. y Aranguren, J., *Fundamentos de antropología*, Pamplona, Ediciones Universidad de Navarra, 1998.

El matrimonio como amistad
se imprimió en la Ciudad de México,
el 2 de agosto de 2022,
festividad de Nuestra Señora de Los Ángeles,
en Litográfica Ingramex, S. A. de C. V.
Centeno 162-1, Granjas Esmeralda, Iztapalapa,
C. P. 09810, Ciudad de México, México

www.ingramcontent.com/pod-product-compliance
Lightning Source LLC
La Vergne TN
LVHW051511170726
843492LV00002B/881